Dayris Orilys Bermúdez Gutiérrez

PROMESAS DE PACTOS

Dayris Orilys Bermúdez Gutiérrez

PROMESAS DE PACTOS

EXPLORANDO LA DIVINIDAD DE DIOS

CREDO EDICIONES

Imprint
Any brand names and product names mentioned in this book are subject to trademark, brand or patent protection and are trademarks or registered trademarks of their respective holders. The use of brand names, product names, common names, trade names, product descriptions etc. even without a particular marking in this work is in no way to be construed to mean that such names may be regarded as unrestricted in respect of trademark and brand protection legislation and could thus be used by anyone.

Cover image: www.ingimage.com

Publisher:
CREDO EDICIONES
is a trademark of
Dodo Books Indian Ocean Ltd. and OmniScriptum S.R.L publishing group

120 High Road, East Finchley, London, N2 9ED, United Kingdom
Str. Armeneasca 28/1, office 1, Chisinau MD-2012, Republic of Moldova, Europe
Printed at: see last page
ISBN: 978-613-6-26975-7

LAS PROMESAS DE DIOS
NUNCA SERÁN ROTAS

**Dibujo es Cortesía del Segundo Pintor Venezolano/Internacional
Eder Cepeda**

1 Corintios 3:16

¿No sabéis que sois templo de Dios, y que el espíritu de Dios mora en vosotros?

Promesas de Pacto

Índice

Capítulo I – Mis Testimonios de Pacto.

Capítulo II – Promesas de Pacto.

Sobre la Autora

Dayris Bermúdez, Licenciada en Educación, egresada de la Universidad Nacional Experimental "Simón Rodríguez" Venezuela y miembro del Ministerio Internacional Apostólico, Profético "Fe y Poder" del Estado Bolívar-Venezuela. En sus años de servicios en el Ministerio del Poder Popular para la Educación, se desempeñó en el Area Administrativa de un Plantel Educativo, realizando infinitas actividades inherentes al cargo, donde obtuvo conocimientos generales en Secretaría.

En el transcurrir del tiempo, realizó apoyo a estudiantes Universitarios, en Tesis de Licenciatura en Educación e Ingenería de Sistema, por lo tanto, dichos saberes, la instruyó academicamente e inspiró a escribir, logrando la publicación de "Caminando bajo las Riquezas Espirituales de Dios. **Primera Edición**" - "Renovando Odres" -"Caminando bajo las Riquezas Espirituales de Dios. **Segunda Edición**" y "Promesas de Pacto", cuatro libros que te ayudarán de manera positiva para un mejor vivir.

Prólogo

Promesas de Pacto, es una síntesis de lectura analítica de pactos del hombre, hechos con Dios. Es un maravilloso y profundo navegar en la palabra, es destacar una series de versículos bíblicos que nos muestran el camino en que debemos andar, es hablar de pactos que ha hecho Dios con los hombres desde el inicio de la humanidad.

Es indagar en lo más recóndito de la escritura, es estudiar la modalidad a través de la cual, Dios ha escogido comunicarse con nosotros, y redimirnos para garantizarnos vida eterna en Cristo Jesús. Es fascinante la experiencia de disponer el corazón para ir descubriendo las enseñanzas que nuestro Padre nos proporciona a través de la biblia.

A medida que vamos estudiando las escrituras es fácil encontrar muchísimas promesas hechas por Dios a través del tiempo. Cuando a Dios haces promesas, no tardes en cumplirlas; porque él no se complace en los insensatos. Él cumple sus promesas, él no es hombre para mentir, mejor es cumplir lo prometido o no prometer si no piensas cumplir. Dios con los pactos promete su ayuda divina y su bendición para aquellos que se vuelvan a él con todo su corazón, con el propósito y la confianza de buscar el favor y la guía que necesitan.

Dios creó a los seres humanos con una capacidad asombrosa para pensar de una forma creativa, nuestra capacidad intelectual excede por mucho la creatividad de todas las demás criaturas de la tierra. Este libro nace luego de haberle expresado una inquietud a Dios Padre, donde le dije; Padre: ¿Qué voy a escribir?, no tengo ni idea, por favor ayúdame, era de noche y dormí.

Esa misma noche soñé que; vi a mi hijo que era niño, y me dijo dos veces "Promesas de pacto, promesas de pacto" y luego me mostró la pantalla de mi laptop con la página principal de esta Editorial, también, visualice una cifra con el número 7 y desperté emocionada, nunca pensé que el Señor Dios me mostraría el nombre de mi cuarto libro de esa manera.

Dios nos ha dado un talento exclusivo de poder diseñar y producir lo que nos imaginamos, nos ha sido dado conforme a su propia increíble capacidad de creación. Él nos ha prometido darnos el conocimiento, el entendimiento, sabiduría y el poder para manejar adecuadamente la forma en que pensamos, sentimos y nos comportamos, a condición de que escojamos de una forma voluntaria y sincera cooperar con él por completo, porque sabemos que sin la ayuda de Dios no podremos tomar decisiones sabias.

Capítulo I

Mis Testimonios de Pacto.

1.- Dos Promesas de Pacto con Dios.

Estimado lector antes de iniciar este hermoso recorrido de la escritura, quiero narrarles dos testimonios de pacto con Dios, los cuales, están editados en mi primer libro "Caminando bajo las riquezas espirituales de Dios", y los pongo como referencia para explicar las promesas de pacto hechas a Dios, cuando aún, no tenía ningún conocimiento claro sobre el tema.

A continuación relato mis dos testimonios de pacto con Dios; Árbol y río de cristal y Escupiendo balines.

Dios me promete que su trono y el trono del Cordero estarán en mí y mi descendencia.

"Porque todas las promesas de Dios son en él Sí, y en él Amén, por medio de nosotros, para la gloria de Dios".

(2 Corintios 1:20)

A continuación relato el primer testimonio de Pacto con Dios;

1.1.- Árbol y río de cristal.

Soñé que estaba en la casa del campo, que tiene un pequeño cerro, y vi un río que bajaba, con cascada de agua cristalina, en la parte alta habían enormes piedras, de más de 2 metros de altura, de lo alto caía el agua y en la parte baja se formaba otro río, redondo, ancho y cristalino, con resplandeciente y reposada agua.

En la parte de arriba se bañaban alegres, mi mamá y una sobrina, la única que Dios me dio el privilegio, de participar por muchos años en su crianza, en la parte de abajo estaba mi hijo sentado en el río jugando con el agua, levantaba el agua con la mano derecha y la vaciaba en la mano izquierda, donde cada vez que realizaba ese movimiento, el agua caía en su mano, formándose con las gotas, un arbolito tipo bonsái, con muchas hojas de cristal, parecidas a gotas de diamantes, allí sentado muy tranquilo, seguía jugando.

Ahora ¿Dónde estaba yo? Bueno estaba, tratando de subir el cerro, por un costado para llegar donde estaba mi mamá y mi sobrina, subía arrodillada por un pedregal tipo tobogán, que tenía mucho limo y estaba mojado porque corría por allí el agua, resbala y seguía intentándolo, tenía el pantalón roto en las rodillas, con un poco de sangre y limo verde, hasta que logré subir la montaña pero con las rodillas bien raspada y desperté. Este sueño verdaderamente marco mi vida, me llamaba mucho la atención el hecho de subir y llegar con las rodillas raspadas, llenas de sangre y dije: ¡Dios Santo¡ ¿Qué me esperará?, sentía en mi corazón que lo que venía para mí, no iba a ser bueno, y a la vez, sentía que el Señor me estaba mostrando algo verdaderamente grande y hermoso que para ese momento no lo entendía.

Pasó el tiempo y tenía inquietud del sueño y preguntaba a Pastores para que lo interpretaran, pero nadie supo darme una respuesta, pasaron aproximadamente dos años y seguía con esa inquietud, casi a diario, venia el recuerdo de ese sueño, quería saber que Dios me había mostrado con las grandes rocas, el río de cristal y el árbol de hojas en forma de gotas de cristal que se formaban en las manos de mi hijo.

Una tarde me senté a orar y pedirle al Señor que me mostrara que él me quería decir con ese sueño, y vino a mí mente: "busca en la biblia donde aparezca la palabra árbol y río", abrí la biblia y busque en el índice, el primer versículo que encontré y leí fue este:

"**Después me mostró un río limpio de agua de vida, resplandeciente como cristal, que salía del trono de Dios y del cordero**".

(Apocalipsis 22:1)

¡Santo¡ Seguí leyendo los siguientes versículos:

"**En medio de la calle de la ciudad, y a uno y otro lado del río, estaba el árbol de la vida, que produce doce frutos, dando cada mes su fruto; y las hojas del árbol eran para la sanidad de las naciones**".

(Apocalipsis 22:2)

Seguí al siguiente versículo, y así sucesivamente;

"**Y no habrá más maldición; y el trono de Dios y del Cordero estará en ella, y sus siervos le servirán**".

(Apocalipsis 22:3)

"**No habrá allí más noche; y no tienen necesidad de luz de lámpara, ni de luz del sol, porque Dios el Señor los iluminará; y reinarán por los siglos de los siglos**"

(Apocalipsis 22:5)

¡Guaooo Padreee¡ es inexplicable la sensación que sentí a medida que iba leyendo cada palabra de esos versículos, era como una corriente fría que recorría lo más profundo de mi ser, hasta los huesos, sentí lo que dice este versículo:

"El que cree en mí, como lo dice la Escritura, de su interior correrán ríos de agua viva".
(Juan 7:38)

Y dije: Gracias Padre por darme la respuesta, tenía que buscarla en ti, no en el humano. Ahora si estaba preparada para interpretar el sueño, entendí que iba a pasar por un proceso y en consecuencia así fue; pasé por un divorcio muy doloroso, algo por el cual no estaba preparada, ni llegue a pensar que podía suceder, también pasé por un atraco a mano armada, donde recibí disparos con muchos balines en mi cuerpo, fueron momentos de angustias en mi vida. Jehová Padre estaba preparándome con el sueño, él sabía por lo que iba a pasar.

Entendí el mensaje principal de Apocalipsis 22, porque Dios Padre en su gran misericordia me recordó su propósito universal, de estudiar y enseñar su palabra, además de enseñarme a ser temerosa. También es una advertencia de la venida de Jesús y su presencia en nuestras vidas, el Señor me mostró que debía buscarlo de corazón, porque era la única manera de superar todo ese doloroso y traumático proceso. Las enormes rocas, el río resplandeciente y el árbol, son la representación del Padre, el hijo y Espíritu Santo que simbolizan la eternidad. Por lo tanto, debo reconocer el llamado individual y especial que Cristo me hizo.

En este versículo que Jehová me dio a través del sueño, nos recuerda las Promesas que él tiene para los que lo buscamos de corazón, para poder tener la compañía del Espíritu Santo y la bendición de salvación. Él nos promete que no habrá más maldición, y el trono de Dios y del Cordero permanecerá en nosotros, nos promete que veremos su rostro y su nombre estará en nuestras frentes.

El árbol con hojas con forma de gotas de agua cristalina, significa que el favor, la gracia y la presencia del Señor estarán por siempre en nosotros, y seremos como árbol plantado en corrientes de agua viva, que da fruto los doce meses del año y sus hojas serán para sanidades de naciones. Y estaremos cerca de Dios para poder disfrutar de su presencia, como lo dice en:

"Y verán su rostro, y su nombre estará en sus frentes".

(Apocalipsis 22:4)

También interprete que Dios me entregó un hijo y una sobrina, Apóstoles de Dios. Él me lo confirmó cuando leí estas líneas del versículo:

"..., que produce doce frutos, dando cada mes su fruto; y las hojas del árbol eran para la sanidad de las naciones".

(Apocalipsis 22:2)

Los doce frutos que produce cada mes, son; los doce frutos del Espíritu Santo que Dios nos promete, como son: la caridad, el gozo, la paz, la paciencia, la longanimidad, la bondad, la benignidad, la mansedumbre, la fidelidad, la modestia, la continencia, y la castidad, también se refiere a los doce apóstoles y los doce meses del año, él nos promete que sus frutos estarán en nuestras vidas.

Entendí que el árbol de cristal que se formó en las manos de mi hijo, allí el Señor me promete que mi descendencia servirá a Dios como Apóstoles de naciones, porque él estaba metido en el río de cristal. Mientras leía esos versículos el espíritu de Dios estaba conmigo, era una sensación única e inigualable de su presencia en mi vida. Pasaron los años y la palabra de Dios se está cumpliendo, ahora tengo un hijo cristiano, servidor de Cristo Jesús, un futuro Profeta de Dios, un muchacho que camina de la mano del Señor y cuando dice algo, sé que viene de parte del Señor.

Entendí que en el tiempo de Dios, mi hijo y mi sobrina darán sus frutos y serán Apóstoles de naciones, que estarán en grandes escenarios predicando el Evangelio por todo el mundo, mi Padre Celestial me lo prometió y segura estoy que lo hará, porque el que comenzó la buena obra en ellos, la perfeccionará.

"Estando persuadido de esto, que el que comenzó en vosotros la buena obra, la perfeccionará hasta el día de Jesucristo"
(Filipenses 1:6)

Analizando estos versículos y recordando como Jehová Dios nos muestras su misericordia y sus maravillas. ¡Guaoo, verdaderamente Dios es Bueno! Él nos entrega sus promesas para que podamos vivir confiados y disfrutar de sus bendiciones en todas las áreas de nuestra vida. Pero esto solo acontece, si decidimos buscarlo de todo corazón y vivir de acuerdo a sus mandamientos.

A continuación relato el segundo testimonio de Pacto con Dios;

1.2.- Escupiendo Balines.

Sueño, que varios hombres encapuchados y armados se metieron en mi casa para robarnos, mi hijo en el sueño era un niño y los dos estábamos fuera de la casa y corrimos aterrados un trecho largo delante de los delincuentes, en eso vimos una entrada por debajo de la cerca de los vecinos, allí nos metimos en ese pequeño hueco. Los delincuentes siguieron corriendo sin vernos y se fueron, dije: "nos salvamos" y desperté con una fuerte palpitación.

Sucedió que pasado aproximadamente dos meses después del sueño, eran las 8:00 PM, estábamos ya acostados, escuché los perros y una bulla en la casa de mi hermana que vive al lado, levanté a mi hijo, nos asomamos por la ventana y habían cuatros hombres armados, encapuchados dentro de su casa,

Mi hijo sin pensarlo abrió la puerta y salió hasta descalzo y sin camisa y yo desesperada salí detrás de él, entre de nuevo, luego abrí completamente la puerta con las luces de adentro encendidas y los delincuentes se dieron cuenta. En ese instante vi un arma que brillaba en la oscuridad apuntando hacia mí, de inmediato, halé la puerta para cerrarla y el delincuente disparó 2 veces, sucedió en cuestión de segundos y no dio tiempo que la puerta cerrara del todo, los balines pasaron por las hendijas de la puerta, perforando mi piel, allí caí al suelo bañada de sangre. Sentí que era mi último día aquí en la tierra, los delincuentes nunca vieron a mi hijo que estaba al frente de mí, pero del lado de afuera de la puerta y ningún balín lo tocó, él vivió lo que es la protección divina de Dios, él cuenta haber sentido los balines pasar por los lados de su cuerpo, algo verdaderamente impresionante porque él estaba afuera donde dispararon, y yo del lado adentro de la casa, allí se cumplió esta palabra:

"Con sus plumas te cubrirá, y debajo de sus alas estarás seguro; Escudo y adarga es su verdad".
(Salmo 91:4)

Él tuvo la protección divina que lo cubrió para que nada lo tocara y los balines pasaron por su lado, traspasaron la hendija de la puerta y tocaron mí cuerpo. Fueron aproximadamente 55 balines de plomo, regados en todo mi cuerpo, en la cara más de 25, y 5 exactamente en el borde del labio superior, traspasaron el labio y quedaron en mi boca, los escupí creyendo que tenía los dientes desbaratados y eran los plomitos, cosa insólita, la cara me quedó irreconocible, muy hinchada, tenía muchos en los brazos, pecho, en el seno izquierdo, piernas, barriga y pies, muchos fueron extraídos, otros salieron a los meses.

Salimos al hospital y me hicieron radiografías, fueron momentos de mucha angustia porque decían que debían operarme con urgencia, porque los balines estaban profundos y habían perforado órganos, fue horrible, entré en pánico, orando siempre a Dios que me sacara en victoria de esa situación. Dios escuchó mi oración;

"Me invocará, y yo le responderé; Con él estaré yo en la angustia; Lo libraré y le glorificaré".
(Salmo 91:15)

"Lo saciaré de larga vida, y le mostraré mi salvación".
(Salmo 91:16)

Mi hijo desesperado, sin saber qué hacer, seguíamos en angustias, hasta que revisaron de nuevo las placas y resultó que hubo una confusión y unieron dos placas digitalmente y por eso dio error, los balines en el cuerpo, todos fueron superficiales gracias a Dios.

"Ninguna arma forjada contra ti prosperará, y condenarás toda lengua que se levante contra ti en juicio. Ésta es la herencia de los siervos de Jehová, y su salvación de mi vendrá, dijo Jehová".
(Isaías 54:17)

Pasé el segundo día, aún con las heridas porque en el hospital no me realizaron curas, solo limpiaron con alcohol y no extrajeron los balines, fui a la Clínica donde tenía póliza por el Ministerio del Poder Popular para la Educación y fue por la gracia de Dios que había un Cirujano Plástico esperándome para atenderme, era increíble, porque ya el Gobierno había eliminado las pólizas de Clínicas de los Docentes.

Dios metió su mano y el Cirujano me extrajo todos los plomitos de la cara, cuello y brazos, los que eran más notorios para que no quedara ninguna cicatriz en mi rostro, el resto de los plomitos fueron saliendo de mi cuerpo poco a poco al pasar el tiempo, algunos no sé si quedarían porque nunca más me hice placas. Así superamos ese mal momento que pasamos por ayudar a una hermana biológica que la estaban atracando.

En mi corazón sentí que tenía otra oportunidad de vida que Dios me estaba regalando, porque yo era cristiana evangélica y tenía más un año que no asistía a la Iglesia, desde ese momento, tirada en el suelo sin saber la gravedad de lo que estaba sucediendo, toda ensangrentada, hice con mi Dios la siguiente promesa de pacto;

Mi promesa de pacto, hecha a nuestro Padre Celestial. En ese momento de desesperación, toda ensangrentada, le prometí a mi Padre Jehová, volver a buscarlo y nunca más alejarme de él, si me sacaba en bien y con vida de esa difícil situación.

Él escucho mis suplicas y salí victoriosa de todo ese terrible y traumático proceso. Al poco tiempo comencé una nueva vida en Cristo, congregándome de nuevo para nunca más abandonarlo y desde allí ha sido un fluir de bendiciones en todas las áreas de mi vida.

Este testimonio de Pacto que hice con mi Dios, tiene mucha similitud al Pacto que aparece en la biblia, donde Jacob le promete a Dios que lo buscará por siempre, si lo ayudaba en esa difícil situación por la cual, él estaba pasando, que se encuentra escrita en:

"E hizo Jacob voto, diciendo: Si fuere Dios conmigo, y me guardare en este viaje en que voy, y me diere pan para comer y vestido para vestir".
(Génesis 28:20)

"Y si volviere en paz a casa de mi padre, Jehová será mi Dios".
(Génesis 28:21)

1.3.- Breve análisis según la biblia de Apocalipsis (22:1 al 5).

a).- Un río de agua de vida que sale del trono de Dios y del Cordero.

"Después me mostró un río limpio de agua de vida, resplandeciente como cristal, que salía del trono de Dios y del Cordero"
(Apocalipsis 22:1)

Es importante que notemos que aunque hay un solo trono, es compartido por Dios y el Cordero en igualdad. Luego vemos que del trono sale "un río limpio de agua de vida" y es una forma de decir que la vida se origina en Dios y fluye desde su trono para transmitir esa vida a todo cuanto existe.

Ahora bien, la visión de un río de vida no es nueva en las Escrituras, sino que aparece en varias ocasiones en los profetas del Antiguo Testamento. Quizá el mejor trasfondo para la visión que Juan tuvo aquí la encontramos en el río que regaba el huerto del Edén, y que desde allí se repartía en cuatro brazos. También podemos relacionarla con la visión de Ezequiel, que vio un río que fluía desde el templo y que se iba haciendo más profundo a medida que avanzaba, dando sanidad y vida por doquier, podemos leerlo en Ezequiel 47:1-12.

Y el profeta Joel escribió su visión, que saldría "una fuente de la casa del Señor", se puede visualizar en Joel 3:18, o la del profeta Zacarías que dijo que "saldrán de Jerusalén aguas vivas", expresado en: Zacarías 14:8. A todo esto que los profetas habían vislumbrado, debemos añadir las palabras del Señor Jesucristo en los evangelios:

"Respondió Jesús y le dijo: Cualquiera que bebiere de esta agua, volverá a tener sed;"
(Juan 4:13)

"Más el que bebiere del agua que yo le daré, no tendrá sed jamás; sino que el agua que yo le daré será en él una fuente de agua que salte para vida eterna".
(Juan 4:14)

Seguramente debamos pensar en este río como un símbolo del Espíritu Santo que procede del Padre y del Hijo, y transmite la vida de Dios a la nueva creación. Lo que sí que nos indica es que "salía del trono de Dios y del Cordero", quizá estaba conectado con el mar de vidrio semejante al cristal que estaba ante el trono. En todo caso, era igualmente "resplandeciente como cristal", dándonos la idea de que también reflejaba la gloria de Dios.

b).- El árbol de la vida.

"En medio de la calle de la ciudad, y a uno y otro lado del río, estaba el árbol de la vida, que produce doce frutos, dando cada mes su fruto; y las hojas del árbol eran para la sanidad de las naciones".
(Apocalipsis 22:2)

Relacionado con el "río de agua de vida" había un "árbol de la vida". Nos resulta un poco difícil imaginárnoslo, porque crecía a uno y otro lado del río y a la vez estaba en medio de la calle de la ciudad: "En medio de la calle de la ciudad, y a uno y otro lado del río, estaba el árbol de la vida". Tal vez la idea sea que sus ramas se extendían por encima del río a ambos lados, transmitiéndonos la idea de un árbol realmente grande. La referencia a un "árbol de vida" no es nueva, porque ya encontramos otro en el huerto del Edén.

Con esto queda clara la intención del autor inspirado de relacionar la nueva creación con la primera. Otro detalle interesante acerca de este árbol es "que produce doce frutos, dando cada mes su fruto". La idea parece ser que produce doce clases distintas de fruto, y tiene tal vitalidad que lo hace cada mes. Se resalta así la abundancia y variedad de la provisión divina en la nueva creación, así como su bendición continua. El propósito final es mostrarnos que la vida celestial será plena. Además de su fruto, "las hojas del árbol eran para la sanidad de las naciones". Esto hace surgir otra pregunta: ¿sanidad de qué? Lo lógico sería pensar en la sanidad del pecado y sus consecuencias, pero todo esto ya habrá sido eliminado en ese momento. Tal vez debamos entender que las hojas del árbol de la vida no son para curar ninguna enfermedad, sino para proveer salud y el disfrute de una vida plena en la nueva ciudad celestial. Con esto se cumplirá entonces lo anunciado por el profeta Ezequiel:

"Y junto al río, en la ribera, a uno y otro lado, crecerá toda clase de árboles frutales; sus hojas nunca caerán, ni faltará su fruto. A su tiempo madurará, porque sus aguas salen del santuario; y su fruto será para comer, y su hoja para medicina".
(Ezequiel 47:12)

Notemos también que esta sanidad será para "las naciones", lo que subraya nuevamente la idea de que en la nueva creación seguirá habiendo una organización de la sociedad por naciones, aunque no guardará relación con la que conocemos en la actualidad. Esto nos sugiere también diversidad en la adoración.

c).- El trono de Dios y del Cordero estará en ella.

"Y no habrá más maldición; y el trono de Dios y del Cordero estará en ella, y sus siervos le servirán".
(Apocalipsis 22:3)

"Y verán su rostro, y su nombre estará en sus frentes".

(Apocalipsis 22:4)

"No habrá allí más noche; y no tienen necesidad de luz de lámpara, ni de luz del sol, porque Dios el Señor los iluminará; y reinarán por los siglos de los siglos".

(Apocalipsis 22:5)

1. "No habrá más maldición".

Ahora encontramos una importante promesa: "Y no habrá más maldición". Esto implica que ya no se correrá el peligro de que la nueva sociedad sea condenada a la destrucción. Una vez más notamos la relación con el comienzo de la revelación en Génesis. Allí vemos que la maldición entró en el mundo por causa del pecado, pero aquí vemos su fin.

El pecado condujo a la creación al desastre, pero en la nueva Jerusalén celestial, en la nueva creación de Dios, la maldición será excluida. Pero nunca debemos olvidar que si esto ha sido posible es porque Cristo llevó sobre sí esta maldición:

2.- "El trono de Dios y del Cordero estará en ella".

La soberanía de Dios, negada y usurpada por Satanás y por el hombre, será restablecida a su legítimo Rey. Sólo él puede establecer un gobierno perfecto de paz, entonces se verán respondidas plenamente las oraciones que durante siglos han sido elevadas ante Dios: Notemos una vez más que el Padre y el Hijo comparten el mismo trono en perfecta y santa unidad.

3.- "Y sus siervos le servirán".

En esas nuevas condiciones, "sus siervos le servirán". Libres de la maldición del pecado, con cuerpos y mentes perfectas y glorificadas, tendremos el gozo de servir al Señor. Entonces nuestra adoración será perfecta.

4.- "Y verán su rostro".

En la nueva Jerusalén las puertas serán perlas, su muro de jaspe, sus cimientos de piedras preciosas, las calles de oro, pero lo más importante de todo lo encontramos en estos versículos: "el trono de Dios y del Cordero estará en medio de ella", y "sus siervos verán su rostro". No puede haber un honor más alto que ver el rostro de Dios.

Los salmistas le pedían a Dios con frecuencia que hiciera "resplandecer su rostro sobre ellos". Esto significaba disfrutar de su favor y tener comunión íntima con él. Pero en la nueva Jerusalén, este será un privilegio de todos los siervos de Dios. Esto será así porque ya el pecado no se interpondrá entre ellos y Dios.

5.- "Y su nombre estará en sus frentes".

Como en el caso de los ciento cuarenta y cuatro mil, aquí también se trata de un sello que sugiere seguridad y propiedad divina. Ahora, con la misma finalidad, mientras todavía estamos en la tierra, hemos sido sellados con el Espíritu Santo, pero cuando estemos en el cielo tendremos un nuevo sello en nuestras frentes con "su nombre", que revelará el carácter y naturaleza de Dios para su gloria. Por esa razón, debe estar en un lugar bien visible, donde todos podrán verlo con facilidad.

6.- "No habrá allí más noche porque Dios el Señor los iluminará".

Igual que en:

"La ciudad no tiene necesidad de sol ni de luna que brillen en ella; porque la gloria de Dios la ilumina, y el Cordero es su lumbrera".

(Apocalipsis 21:23).

7.- "Y reinarán por los siglos de los siglos".

Aquí se explica a qué se ocuparán los santos en la eternidad: "Reinarán". Esto complementa la verdad ya expuesta en Apocalipsis 22:3, "sus siervos le servirán". En realidad, servir y reinar son dos conceptos que deben ir juntos, tal como explicó el Señor Jesucristo: "el que quiera hacerse grande entre vosotros será vuestro servidor". Vemos también que reinarán en un reino que no tendrá fin: "por los siglos de los siglos". En qué consistirá esta labor de reinar, no se nos dice, pero podemos pensar que Dios puede dar a cada creyente un gobierno, del mismo modo que a Adán se le dio dominio sobre toda la creación en la tierra.

Capítulo II

Promesas de Pacto.

2.- Promesas de Pacto.

Narrando estos testimonios doy inicio a este fascinante recorrido para nutrir más, nuestros conocimientos sobre:

Las promesas de pacto; son compromisos hechos por Dios a su pueblo, son declaraciones de esperanza y victoria que Dios nos declara.

Estas promesas no son simples declaraciones casuales o simples palabras dichas por Dios, sino que son compromisos que Él ha hecho a su pueblo. Dios es fiel a sus promesas, lo que promete lo cumple, es un Dios de pacto, él habla solo la verdad, nunca miente, él es digno de confianza, ten seguridad de eso.

Confiar en Dios Padre, en Jesús el hijo de Dios, que es Dios mismo manifestado como hombre, debemos de confiar en el Espíritu Santo de Dios cuando nos habla; discernir su voz para solo oír lo que Dios Padre quiere decirnos. La biblia es la palabra de Dios a los hombres, puedes pedirle que te dé lo que te prometió y él oirá y te concederá.

2.1.- Importancia de las promesas del pacto.

❖ Las promesas del pacto son importantes porque nos dan esperanza y seguridad.

❖ Nos recuerdan que Dios es fiel y que cumple sus promesas.

❖ Cuando atravesamos tiempos difíciles, es importante recordar las promesas del pacto que Dios nos ha hecho.

❖ Nos dan esperanza y fuerza para seguir adelante.

- ¿Cómo nos aferramos a las promesas del pacto?

- ❖ Nos aferramos a las promesas del pacto confiando en Dios.
- ❖ Necesitamos creer que Dios es fiel y que cumple sus promesas.
- ❖ Necesitamos leer la biblia, orar, ayunar, velar, alabar y pedirle a Dios que nos ayude a aferrarnos a sus promesas.
- ❖ También meditando de día y de noche en la palabra de Dios y recordando las promesas que él nos ha dado.

La mayor parte del tiempo nos enfocamos en promesas que nos hacemos unos a otros, en lugar de enfocarnos en las promesas de Dios, conociendo que las promesas humanas fallan una y otra vez, pero Dios nunca falla, él siempre cumple sus promesas. En este breve recorrido sobre las promesas de pacto, observarás cómo y por qué Dios cumple sus promesas, desde ahora y hasta la eternidad.

Entenderás por qué realmente vale la pena ser obediente, cuando entras en un pacto con Dios, como lo hizo Jesús en sus días como hombre, de igual manera, estas promesas son dadas a nuestra vida para tener una comunión íntima con Jehová, como lo dice la palabra en:

"La comunión íntima de Jehová es con los que le temen, Y a ellos hará conocer su pacto"
(Salmos 25:14).

Lo expresado en este versículo es poderoso, Dios tiene un secreto que él compartirá única y exclusivamente con los creyentes que estén dispuestos a buscarle en intimidad. Estos apasionados llegarán a ser sus confidentes sólo si poseen un hambre profunda por buscar de Dios.

Por ello es que la biblia lo llama un secreto/íntimo, porque hay persona, incluso dentro del mismo cuerpo de Cristo, que nunca llegarán a comprenderlo por no buscar la comunión íntima con Dios. Pero sólo unos pocos dispondrán sus mentes para buscar al Señor diligentemente y obtener un entendimiento de las promesas de pacto que da vida a nuestras vidas. Verdaderamente Dios es bueno con sus hijos, él siempre nos muestra lo que ha de acontecernos, para que estemos preparados principalmente en oración.

Aquí señalamos sólo unas pocas promesas y provisiones que Dios nos da a través del Pacto:

- ❖ Un nuevo corazón, temeroso a Dios.
- ❖ Dominio sobre el pecado. La constricción del Espíritu Santo sobre todo pecado dentro de nosotros.

❖ Una ley escrita en nuestros corazones de manera que nos ayude a no pecar en contra de él.

❖ También nos promete que seremos enseñados por su propio Espíritu y guardados de no caer; que seremos guiados a caminar en sus sendas, hacer lo que más le agrada.

❖ Que seremos preservados hasta el final de nuestros días, a través del poder del Espíritu Santo que mora en nosotros.

❖ Que no habrá más maldición, que veremos su rostro y él nos iluminará.

Dios ha expuesto el secreto del Pacto bajo la condición de buscarle a él con todo nuestro corazón, por medio de las disciplinas que la acompañan, como son; la oración, el ayuno, el estudio de la Biblia, y la búsqueda continua de la palabra. Aplicando estas disciplinas, preparamos nuestro corazón para recibir lo que Dios nos ha prometido y tendremos un valioso e inigualable tesoro, como lo es el poder del Espíritu Santo y así se cumplirá la palabra escrita en:

"Pero recibiréis poder, cuando haya venido sobre vosotros el espíritu Santo, y me seréis testigo en Jerusalén, en toda Judea, en Samaria, y hasta lo último de la tierra".

(Hechos 1:8).

"He aquí os doy potestad de hollar serpientes y escorpiones, y sobre toda fuerza del enemigo, y nada os dañará".

(Lucas 10:19)

"Y te hará Jehová tu Dios abundar en toda obra de tus manos, en el fruto de tu vientre, en el fruto de tu bestia, y en el fruto de tu tierra, para bien; porque Jehová volverá a gozarse sobre ti para bien, de la manera que se gozó sobre tus padres".

(Deuteronomio 30:9).

Nunca ha habido un solo momento, desde la creación del mundo, en el que el pueblo de Dios no estuviese bajo un pacto. Y aun así los hombres y mujeres de Dios han ayunado y orado a través de los siglos, comprometiendo a Dios con su palabra. La muerte de la que aquí se habla es la muerte a nuestra propia voluntad para que podamos caminar en una nueva vida según la voluntad del Padre, tal como lo hizo Jesús.

Aquí es donde Jesús se convierte en nuestro Pastor, y llegamos a ser partícipes de la misma sangre del pacto, que también nos da el derecho a la resurrección de los muertos, es decir, a ser arrebatados cuando nos reunamos con Jesús en las nubes.

"Porque el Señor mismo con voz de mando, con voz de arcángel, y con trompeta de Dios, descenderá del cielo; y los muertos en Cristo resucitarán primero".

(1 Tesalonicenses 4:16).

"Luego nosotros los que vivimos, los que hayamos quedado, seremos arrebatados juntamente con ellos en las nubes para recibir al Señor en el aire, y así estaremos siempre con el señor".

(1 Tesalonicenses 4:17).

3. Pactos condicionales e incondicionales.

Los pactos son una característica importante de la enseñanza de la Biblia. Algunos pactos específicos se revelan en las escrituras.

Estos pactos se dividen en dos categorías: condicional e incondicional;

Los pactos condicionales.

Un pacto condicional es un pacto bilateral en el cual la promesa de Dios al hombre está caracterizada por la fórmula, "si tú lo haces, entonces yo haré", por la cual promete conceder bendiciones especiales al hombre, siempre y cuando el hombre cumpla ciertas condiciones contenidas en el pacto.

El fracaso del hombre en no hacerlo a menudo resulta en castigo. Una de las respuestas al acuerdo de pacto trae consigo bendiciones o maldiciones. Las bendiciones se aseguran por medio de la obediencia, y el hombre debe llenar sus condiciones antes de que Dios llene las suyas. Dos de los ocho pactos de la biblia son condicionales: El Edénico y el Mosaico.

Los pactos incondicionales.

Un pacto incondicional es un pacto unilateral y es un acto soberano de Dios, por medio del cual Él incondicionalmente se obliga a sí mismo a conceder bendiciones y condiciones definidas para el pueblo del pacto.

Este pacto se caracteriza por la formula **haré,** la cual declara la determinación de Dios de hacer como Él promete. Las bendiciones se aseguran por medio de la gracia de Dios. Podría haber condiciones en el pacto que Dios le pide a los pactantes que llenen por gratitud, pero ellas mismas no son las bases del cumplimiento de las promesas por parte de Dios. Seis de los ocho pactos son incondicionales: el Adámico, el Noético, el Abrahánico, el de la Tierra, el Davídico, y el Nuevo Pacto.

4.- Principales Pactos Bíblicos.

1.- Pacto Edénico (Edén)

2.- Pacto Adámico (Adán)

3.- Pacto Noético (Noé)

4.- Pacto Abrahánico (Abraham)

5.- Pacto Mosaico (Moisés)

6.- Pacto Palestino ó Pacto de la Tierra (Pueblo Hebreo)

7.- Pacto Davídico (David)

8.- Pacto Nuevo (Jesús).

Hebreos 11:33

"Que por fe conquistaron Reinos, hicieron justicia, alcanzaron promesas, taparon bocas de leones".

4.1.- Pacto Edénico (Edén).

Es el pacto que Dios hizo con Adán en el Jardín del Edén. Este pacto también se llama el Pacto de las Obras y es el primer pacto que Dios hizo directamente con el hombre y que determina la vida del hombre y su salvación.

El Pacto Edénico es un ejemplo de un pacto condicional porque Adán tuvo que obedecer los términos del pacto para no sufrir las consecuencias de romperlo. El Pacto Edénico, o Pacto de las Obras, se puede encontrar en los capítulos iniciales del Génesis donde Dios hace algunas promesas condicionales a Adán. El Pacto Edénico no se llama explícitamente un pacto en Génesis, sin embargo, más adelante se le llama un pacto en:

"Mas ellos, cual Adán, traspasaron el pacto; allí prevaricaron contra mí".

(Oseas 6:7)

El corazón del Pacto Edén es en realidad el mandato de Dios a Adán de no comer del "árbol del conocimiento del bien y del mal".

"Más del árbol de la ciencia del bien y del mal no comerás; porque el día que de él comieres, ciertamente morirás".

(Génesis 2:17)

En el Pacto Edénico, Dios promete a Adán la vida y la bendición, pero esa promesa está condicionada a la obediencia de Adán al mandamiento de Dios de no comer del fruto del árbol del conocimiento del bien y del mal. El castigo de Adán por la desobediencia sería la muerte física y espiritual, así como una maldición sobre la tierra, de modo que Adán tendría que trabajar más duro para obtener cosechas. Uno de los resultados del pecado de Adán fue que tendría que trabajar todos sus días hasta su muerte.

"A la mujer dijo: multiplicaré en gran manera los dolores en tus preñeces; con dolor darás a luz los hijos; y tu deseo será para tu marido, y él se enseñoreará de ti"

(Génesis 3:16)

"Con el sudor de tu rostro comerás el pan hasta que vuelvas a la tierra, porque de ella fuiste tomado; pues polvo eres, y al polvo volverás"

(Génesis 3:19)

El pecado de Adán rompió este pacto condicional con Dios y dejó a la humanidad en un estado de caída, sin embargo, Dios pronto haría un segundo e incondicional pacto de redención con Adán y Eva, allí podemos notar la misericordia de nuestro Dios Padre.

Al igual que el Pacto Edénico, éste no se menciona explícitamente como un pacto en Génesis, pero es una promesa significativa que Dios hace a la humanidad. Es la primera promesa de redención y la primera promesa de la venida de Cristo.

"Y pondré enemistad entre ti y la mujer, y entre tu simiente y la simiente suya; ésta te herirá en la cabeza, y tú le herirás en el calcañar".
(Génesis 3:15)

Aquí, a sólo tres capítulos de la biblia, Dios ya nos da la esperanza de un Redentor. Este es el primer anuncio del evangelio, la promesa de Dios para Eva de que la simiente de la serpiente heriría el talón de la simiente de Eva y la simiente de Eva heriría la cabeza de la simiente de la serpiente, es la profecía de que Satanás heriría a Cristo en la cruz, pero que Cristo triunfaría sobre Satanás en esa misma cruz.

Tanto el Pacto Edénico como el Pacto de Redención que sigue son significativos por varias razones. En primer lugar, establecen un patrón que se repite a lo largo de las Escrituras:

1) el hombre peca.

2) Dios juzga el pecado.

3) Dios otorga gracia y misericordia proveyendo una forma de redimir al hombre y restaurar la relación del hombre con Dios.

En segundo lugar, los pactos nos muestran que el pecado siempre tiene consecuencias. Entender los diferentes pactos del Antiguo Testamento y su relación entre sí, es importante para comprender la relación de pacto de Dios con su pueblo elegido, así como su plan de redención revelado en las Escrituras.

En el huerto del Edén, el hombre y la mujer eran responsables de lo siguiente:

- ❖ Poblar la tierra con la especie humana.
- ❖ Sujetar la tierra para el provecho del hombre.
- ❖ Tener dominio sobre la creación animal.
- ❖ Comer hierbas y frutos.
- ❖ Labrar y cuidar el huerto.
- ❖ Abstenerse de comer el Árbol de conocimiento del bien y el mal.
- ❖ El castigo: La Muerte.

4.2.- Pacto Adámico (Adán).

En este pacto Dios maldice a la serpiente;

"Y Jehová dijo a la serpiente: por cuanto esto hiciste, maldita serás entre todas las bestias, y entre todos los animales del campo; sobre tu pecho andarás, y polvo comerás todos los días de tu vida".
(Génesis 3:14)

Cuando Adán y Eva eligieron desobedecer a Dios, provocaron en el mundo una tendencia a pecar. Por lo que Dios no lo podía pasar por alto, Él debía juzgarlo y castigarlo de inmediato. Si las consecuencias del pecado de nuestros primeros padres parecen extremas, esto refleja la justicia de Dios hacia cualquier tipo de pecado. Dios sabía que esto desencadenaría en más pecado, vidas arruinadas como lo vemos en el resto de las escrituras, por el seguimiento a las mentiras de Satanás.

Por eso el Señor divisó un plan de salvación para la humanidad, y el Pacto Adámico es la primera etapa del mismo. Este es el segundo pacto (el primer pacto fue el pacto Edénico, que hizo Dios con la humanidad inmediatamente después de la caída de Adán. Incluye una maldición y una bendición. Este pacto les da a Adán y Eva una descripción profética de lo que sería vivir en el mundo fuera del Paraíso. Como veremos en este y los siguientes estudios bíblicos, este pacto descrito en Génesis 3:14-19, el pacto Adámico está dirigido a la serpiente, a la mujer, al hombre y a la tierra. En este pacto, el Señor antes de juzgarnos, nos mostró misericordia, antes de expulsar a nuestros primeros padres del paraíso del Edén, hizo un pacto con ellos dándoles una promesa divina y esperanza.

Si por la mujer entró el pecado, por ella vendría el Salvador, que acabaría con el pecado y la maldición de este pacto. Este pacto es la semilla de toda la profecía en la biblia, la mujer tipifica Israel, de donde el Mesías prometido vino, mostrada en Apocalipsis 12. Este niño sería el objeto de los ataques continuos de Satanás, por ejemplo, con Moisés cuando el Faraón trató de matar a todos los niños Israelitas en Egipto; o cuando Herodes mandó matar a todos los niños en Belén.

Cuando Dios se dirige a la serpiente es solamente para condenarla, Satanás no tiene nada que aprender del Señor; a diferencia del hombre y la mujer a quienes les da bendiciones y castigos, mostrando que ellos no estaban totalmente perdidos. El castigo para el diablo puede significar que, al ser echado del cielo a la tierra, perdió la gloria y felicidad que allá tenía, y ahora se arrastraría sin ninguna oportunidad de recuperar todo aquello que perdió. Esta degradación es perpetua por el resto de sus días. "Eres maldita más que todos los animales". Maldecir es invocar miseria hacia alguien por parte de alguien con autoridad. En las Escrituras, sólo se usa para las maldiciones que vienen o son impuestas por Dios. La serpiente es la más maldecida sobre todos los animales por lo que hizo, dado que la serpiente tentó a nuestros primeros padres conscientemente para que pecaran, no tenía ninguna excusa y recibió una penalidad triple:

1) Andarás arrastrándote sobre tu vientre; este castigo llevó a la serpiente a una vida de deshonra en el mundo animal; y para Satanás, una señal de desprecio y degradación, porque lo obligan a convivir con la humanidad, sus víctimas, en los abismos más profundos de vergüenza, infamia, y humillación.

2) Comerás polvo todos los días de tu vida, esto refleja la tentación en la que cayó la mujer para comer del fruto prohibido, lo cual condujo a la caída de nuestros primeros padres. Aquí se hace alusión a que la serpiente es responsable de la muerte del hombre, quien regresa al polvo. Así que la dieta de la serpiente será un recuerdo perpetuo de su crimen.

3) La destrucción final de la serpiente; dado que la serpiente engañó con la frase ¡No morirás!, ahora el castigo por esta acción será la muerte de la serpiente. El Pacto Adámico no tan sólo afectó a la serpiente, sino a todo el reino animal, ya que se piensa que antes todos los animales eran herbívoros, pero ahora tenemos depredadores y presas, animales carnívoros que se alimentan de otros. Durante el Milenio, cuando el Pacto Adámico termine, el reino animal volverá a ser como era en la Creación.

4.3.- Pacto Noético (Noé).

Este pacto tiene alcances universales y permanentes hasta el fin del mundo. Al salir Noé del arca edificó un altar al Señor y para ello tomó animales y aves puros, y los ofreció en holocausto, una ofrenda quemada por completo a Dios en acción de gracias por la salvación que les había dado.

"Y edificó Noé un altar a Jehová, y tomó de todo animal limpio y de toda ave limpia, y ofreció holocausto en el altar"
(Génesis 8:20)

"Y percibió Jehová olor grato; y dijo Jehová en su corazón: No volveré más a maldecir la tierra por causa del hombre; porque el intento del corazón del hombre es malo desde su juventud; ni volveré más a destruir todo ser viviente, como he hecho".
(Génesis 8:21)

Es la primera vez luego de la ofrenda de Abel que se relata de un sacrificio agradable al Señor que daría como inicio a una nueva relación humana con el Creador.

"Y Abel trajo también de los primogénitos de sus ovejas, de lo más gordo de ellas. Y miró Jehová con agrado a Abel y a su ofenda".

(Génesis 4:4)

Al percibir el Señor el olor tan agradable de esta adoración Dios prometió dos cosas:

- ❖ No volver más a maldecir la tierra por la culpa del hombre.
- ❖ Ni tampoco destruir a los animales aunque el hombre solo piensa en hacer el mal desde la juventud. Pese a la maldad humana Dios no aplicaría más un juicio universal hasta el fin del mundo.
- ❖ Dios también prometió un mundo en el que habría un ciclo continuo de siembra y cosecha, calor y frío, invierno y verano, noches y días. Esto asegura la estabilidad en la tierra, no catástrofes extraordinarias, sino el orden continuo de los ciclos y la permanencia de las leyes naturales que la causan.

Dios hizo un pacto con Noé y sus hijos;

"Y habló Dios a Noé y a sus hijos con él, diciendo:"
(Génesis 9:8)

También con su descendencia;

"He aquí que yo establezco mi pacto con nosotros, y con vuestros descendientes después de vosotros;"
(Génesis 9:9)

Dios hizo un compromiso de no exterminar más toda carne con diluvio de aguas. Su señal del pacto perpetuo con la tierra fue el arcoíris en las nubes que se dejaría ver cuando viniesen las lluvias. En cada lluvia el arcoíris señala al hombre que Dios no destruirá al mundo con aguas. Dios se acordaría de su pacto realizado y no destruiría la tierra con aguas. El arcoíris es la muestra de benevolencia del creador. De esto aprendemos que a Dios no le place la muerte o la destrucción, sino bendecir a su creación.

4.4.- Pacto Abrahánico (Abraham).

Es la promesa de Dios a Abraham de que sería padre de muchas naciones. El Pacto Abrahámico fue establecido por Dios con Abram en:

"Pero Jehová había dicho a Abram: Vete de tu tierra y de tu parentela, y de la casa de tu padre, a la tierra que te mostraré".

(Génesis 12:1)

"Y haré de ti una nación grande, y te bendeciré, y engrandeceré tu nombre, y serás bendición".

(Génesis 12:2)

"Bendeciré a los que te bendijeren, y a los que te maldijeren maldeciré; y serán benditas en ti todas las familias de la tierra".

(Génesis 12:3)

Jehová le dio instrucciones a Abram (posteriormente Dios le cambió el nombre a Abraham) para llevarse a su familia de su casa en Ur e irse a una nueva tierra llamada Canaán.

Este fue un pacto incondicional que contenía cuatro provisiones principales:

❖ Haré de ti una nación grande y te bendeciré.

❖ Engrandeceré tu nombre, y serás bendición.

❖ Bendeciré los que te bendijeren, y los que te maldijeren, maldeciré.

❖ Todas las naciones de la tierra serán benditas en ti.

Dios ciertamente les estaba dando un favor especial a Abraham y a sus descendientes. Las promesas de Dios nunca se rompen, y ésta no era la excepción, ya que la promesa es renovada varias veces en las escrituras a los descendientes de Abraham a través de Isaac y Jacob. La Tierra Prometida que le fue dada a Abraham en el Pacto Abrahámico es descrita por primera vez en:

"Porque toda la tierra que ves, la daré a ti y a tu descendencia para siempre".

(Génesis 13:15)

"Y haré tu descendencia como el polvo de la tierra, que si alguno puede contar el polvo de la tierra, también tu descendencia será contada".

(Génesis 13:16)

"Levántate, ve por la tierra a lo largo de ella y a su ancho; porque a ti te la daré".

(Génesis 13:17)

Dios dijo, la tierra le pertenece a Él, y será habitada por su pueblo por todas las generaciones de Abraham, Isaac, y Jacob. Sin embargo, para los descendientes de Abraham ha sido una lucha constante. El Pacto Abrahámico fue confirmado con una ceremonia de circuncisión en:

"Éste es mi pacto, que guardareis entre mí y vosotros y tu descendencia después de ti: Será circuncidado todo varón de entre vosotros".

(Génesis 17:10)

"Circuncidaréis, pues, la carne de vuestro prepucio, y será por señal del pacto entre mí y vosotros"

(Génesis 17:11)

"Y de edad de ocho días será circuncidado todo varón entre vosotros por vuestras generaciones; el nacido en casa, y el comprado por dinero a cualquier extranjero, que no fuere de tu linaje".

(Génesis 17:12)

"Debe ser circuncidado el nacido en tu casa, y el comprado por dinero; y estará mi pacto en vuestra carne por pacto perpetuo"

(Génesis 17:13)

"Y el varón incircunciso, el que no hubiere circuncidado la carne de su prepucio, aquella persona será cortada de su pueblo; ha violado mi pacto".

(Génesis 17:14)

Esto fue requerido como muestra o señal de su compromiso con Dios. Las disposiciones de este acuerdo son permanentes.

"Y estableceré mi pacto entre mí y ti, y tu descendencia después de ti en sus generaciones, por pacto perpetuo, para ser tu Dios, y el de tu descendencia después de ti".

(Génesis 17:7)

"Y te daré a ti, y a tu descendencia después de ti, la tierra en que moras, toda la tierra de Canaán en heredad perpetua; y seré el Dios de ellos".

(Génesis 17:8)

El Pacto Abrahámico será cumplido finalmente con el regreso del Mesías. Las bendiciones finales otorgadas sobre su pueblo serán la reconciliación con Dios como su Dios, cuando su Dios reine en su Reino sobre la tierra.

4.5.- Pacto Mosaico (Moisés).

La promesa de Dios a Moisés de que estaría con él y lo ayudaría;

"Y él respondió: Ve, porque yo estaré contigo; y esto te será por señal de que yo te he enviado: cuando hayas sacado de Egipto al pueblo, serviréis a Dios sobre este monte".

(Éxodo 3:12)

El pacto mosaico es un pacto condicional entre Dios y la nación de Israel en el monte Sinaí;

"Y Jehová le dijo: Ve, desciende, y subirás tú, y Aarón contigo; más los sacerdotes y el pueblo no traspasen el límite para subir a Jehová, no sea que haga en ellos estrago".

(Éxodo 19-24)

Generalmente se le conoce como el pacto mosaico, ya que Moisés fue al líder de Israel escogido por Dios en ese momento. El modelo del pacto es muy similar al de los otros pactos antiguos de ese tiempo, porque es entre un rey soberano (Dios) y su pueblo o sujetos (Israel).

En el momento del pacto, Dios le recordó al pueblo de su obligación de ser obediente a su ley;

"Ahora, pues, si diereis oído a mi voz, y guardareis mi pacto, vosotros seréis mi especial tesoro sobre todos los pueblos; porque mía es toda la tierra".

(Éxodo 19:5)

Y el pueblo aceptó el pacto cuando dijo;

"Y todo el pueblo respondió a una, y dijeron: Todo lo que Jehová ha dicho, haremos. Y Moisés refirió a Jehová las palabras del pueblo".

(Éxodo 19:8)

Este pacto serviría para separar a la nación de Israel de todas las demás naciones, convirtiéndose en el pueblo elegido de Dios y fue igualmente tan vinculante como el pacto incondicional que Dios hizo con Abraham, porque también es un pacto de sangre. El pacto mosaico es un pacto significativo tanto en la historia redentora de Dios, como en la historia de la nación de Israel, a través de los cuales Dios de manera soberana escoge bendecir al mundo tanto con su palabra escrita como con la palabra viviente, que es Jesucristo.

Al entender los diferentes pactos en la biblia y su relación entre sí, es importante entender que el pacto mosaico difiere significativamente del pacto abrahámico, y luego de los pactos bíblicos porque es condicional porque las bendiciones que Dios promete, están directamente relacionadas con la obediencia de Israel a la ley mosaica.

Si Israel es obediente, entonces Dios los bendecirá, pero si lo desobedecen, entonces Dios los castigará. Las bendiciones y las maldiciones que están asociadas con este pacto condicional, se encuentran en detalle en Deuteronomio 28. El pacto mosaico es especialmente significativo porque Dios promete hacer de Israel;

"Y vosotros me seréis un reino de sacerdotes, y gente santa. Éstas son palabras que dirás a los hijos de Israel".

(Éxodo 19:6)

Este pacto es de gran importancia porque es aquí donde Israel recibió la ley mosaica que iba a ser una autoridad señalando el camino hacia la venida de Cristo.

"De manera que la ley ha sido nuestro ayo, para llevarnos a Cristo, a fin de que fuésemos justificados por la fe".

(Gálatas 3:24)

La ley Mosaica revelaría a los hombres su pecaminosidad y su necesidad de un salvador, y es la ley mosaica la cual Cristo mismo dijo que él no vino a abolir, sino a cumplir. Este es un punto importante porque algunas personas se confunden pensando que personas en el antiguo testamento se salvaron por guardar la ley, pero la biblia es clara al decir que la salvación siempre ha sido únicamente por fe, y la promesa de la salvación por la fe que Dios hizo a Abraham como parte del pacto abrahámico, aún está vigente.

"Ahora bien, a Abraham fueron hechas las promesas, y a su simiente. No dice: Y a las simientes, como si hablase de muchos, sino como de uno: Y a tu simiente, la cual es Cristo".

(Gálatas 3:16)

"Esto, pues, digo: El pacto previamente ratificado por Dios para Cristo, la ley que vino cuatrocientos treinta años después, no lo abroga, para invalidar la promesa".

(Gálatas 3:17)

"Porque si la herencia es por la ley, ya no es por la promesa; pero Dios la concedió a Abraham mediante la promesa".

(Gálatas 3:18)

El pacto mosaico también se conoce como el antiguo pacto;

"Pero el entendimiento de ellos se embotó; porque hasta el día de hoy, cuando leen el antiguo pacto, les queda el mismo velo no descubierto, el cual por Cristo es quitado".

(2 Corintios 3:14)

Y fue reemplazado por el nuevo pacto en Cristo;

"De igual manera, después que hubo cenado, tomó la copa, diciendo: Esta copa es el nuevo pacto en mi sangre, que por vosotros se derrama".

(Lucas 22:20)

4.6.- Pacto Palestino o Pacto de la Tierra (Pueblo Hebreo).

El Pacto Palestino se refiere a un "contrato o acuerdo" que Dios hizo con el pueblo hebreo, como se registra en: Deuteronomio 29. El Pacto fue una renovación o enmienda del pacto hecho anteriormente con Moisés.

Con respecto al pacto anterior, vemos que fue hecho con Moisés y representantes hebreos escogidos que estaban presentes en el **Monte Sinaí,** pero aplicaba para todo el pueblo y sus generaciones posteriores. En el Pacto Palestino, Jehová mandó a Moisés a decir estas palabras;

"Para confirmarte hoy como su pueblo, y para que él te sea a ti por Dios, de la manera que él te ha dicho, y como lo juró a tus padres Abraham, Isaac y Jacob".

(Deuteronomio 29:13)

"Y no solamente con vosotros hago yo este pacto y este juramento".

(Deuteronomio 29:14)

"Sino con los que están aquí presentes hoy con nosotros delante de Jehová nuestro Dios, y con los que no están aquí hoy con nosotros".

(Deuteronomio 29:15)

Cuando analizamos Deuteronomio 29 y 30, podemos ver varios puntos de este pacto enmendado:

- ❖ El pueblo será dispersado como resultado de su desobediencia.
- ❖ Sus corazones serán circuncidados.
- ❖ Habrá un total arrepentimiento de la nación en el futuro.
- ❖ Dios traerá de vuelta a todos los judíos a la tierra prometida de Israel.
- ❖ Restaurará la tierra y traerá una prosperidad.
- ❖ Dios pondrá maldiciones sobre los enemigos de Israel y ellos serán juzgados.
- ❖ La tierra les pertenecerá a los judíos para siempre, incondicionalmente.

El Pacto Palestino es también llamado el Pacto de la Tierra. Esto se debe a la promesa dada en Deuteronomio. Esta parte se centra en la reafirmación de la Tierra Prometida dada a Abraham, a Isaac, y a Jacob por todas las generaciones venideras. Dios le dice a la nación hebrea en dondequiera que hayan sido dispersados, que obedezcan con todo su corazón y alma:

"Entonces Jehová hará volver a tus cautivos, y tendrá misericordia de ti, y volverá a recogerte de entre todos los pueblos adonde te hubiera esparcido Jehová tu Dios".

(Deuteronomio 30:3)

"Aun cuando tus desterrados estuvieren las partes más lejanas que hay debajo del cielo, de allí te recogerá Jehová tu Dios, y de allá te tomará".

(Deuteronomio 30:4)

"Y te hará volver Jehová tu Dios a la tierra que heredaron tus padres, y será tuya; Y te hará bien, y te multiplicará más que a tus padres"

(Deuteronomio 30:5)

Debido a que Ismael, el hermanastro de Isaac, no pertenece al linaje de este Pacto, sus descendientes han estado luchando sin descanso por el territorio desde entonces. Ismael (y su simiente) también recibió bendiciones, pero no fueron el poseer la tierra. Se les prometió que llegarían a ser una gran nación. Gradualmente, los que no conocen la Palabra de Dios y la historia de la tierra, han sucumbido a la propaganda presentada por el enemigo de Dios y de su pueblo.

Por lo tanto, llamarlo **Pacto Palestino es un nombre deliberadamente equivocado.** Esta es la raíz de todos los conflictos actuales en contra de la nación de Israel. Cualquiera que sea anti-Dios hará algo para corromper el pacto que Dios hizo para la tierra prometida de Israel. Sin embargo, Dios es muy categórico acerca de la única nación en la tierra que Él estableció para un pueblo específico. De hecho, es muy peligroso interferir con la nación judía de Israel, como Dios nos dice en:

"Bendeciré a los que te bendijeren, y a los que te maldijeren maldeciré; y serán benditas en ti todas las familias de la tierra".

(Génesis 12:3)

4.6.1.- De la Antigüedad al Cumplimiento.

Las promesas del llamado Pacto Palestino se están cumpliendo en su totalidad. En mayo de 1948 fue declarada oficialmente la condición de Estado de la nación judía de Israel. Las personas dispersadas comenzaron a regresar de todo el mundo, como Dios dijo que lo harían. La Tierra Prometida, desde los tiempos de Deuteronomio hasta 1948, ha estado bajo el control de varios gobernantes, pero el día viene pronto cuando nunca más serán divididos, como se reafirma en:

"Y les dirás: Así ha dicho Jehová el Señor: He aquí, yo tomo a los hijos de Israel de entre las naciones a las cuales fueron, y los recogeré de todas partes, y los traeré a su tierra".

(Ezequiel 37:21)

"Y los haré una nación en la tierra, en los montes de Israel. Y un rey será a todos ellos por rey; y nunca más serán dos naciones, ni nunca más serán divididos en dos reinos".

(Ezequiel 37:22)

El rey a que se refiere este versículo es el venidero Mesías delante del cual toda rodilla se doblará. Pablo nos dice en:

"Y luego todo Israel será salvo, como está escrito: Vendrá de Sion el Libertador, Que apartará de Jacob la impiedad".

(Romanos 11:26)

"Y este será mi pacto con ellos, cuando yo quite sus pecados".

(Romanos 11:27)

En la actualidad, la ONU considera Palestina como territorio ocupado ilegalmente por Israel y exige a las fuerzas de ocupación Israelíes abandonar el territorio y regresar a los límites establecidos en la resolución 181.10 octubre. Tanto palestinos como Israelíes la reclaman como su capital. Por un lado, los palestinos pretenden que Jerusalén Oriental sea la capital de su futuro Estado, mientras Israel ya asume que Jerusalén es su capital, a pesar de que gran parte de la comunidad internacional no lo reconoce.

El conflicto israelí-palestino es el conflicto social y armado en curso entre israelíes y palestinos por el control de la región histórica de Palestina, que se remonta a principios del siglo XX. Este conflicto, de gran envergadura, ha tenido graves consecuencias, debido a grandes enfrentamientos entre ejércitos regulares, grupos paramilitares, células terroristas y ciudadanos independientes.

4.7.- Pacto Davídico (David).

- La promesa de Dios a David de que su trono sería establecido para siempre:

"Y será afirmada tu casa y tu reino para siempre delante de tu rostro, y tu trono será estable eternamente"

(2 Samuel 7:16)

a).- La promesa de un rey eterno.

El Pacto Davídico prometió que los descendientes de David gobernarían Israel para siempre. Esta promesa se cumplió cuando Jesucristo, descendiente de David, nació en Belén. **Jesús es el cumplimiento máximo del Pacto Davídico y es el rey eterno que Dios prometió.**

b).- La importancia de la genealogía.

El Pacto Davídico resalta la importancia de la genealogía en la biblia y remonta el linaje de Jesús hasta David, y este linaje es una parte crucial de su identidad como el Mesías. Muestra que Jesús es el cumplimiento de las promesas que Dios le hizo a David y establece su autoridad para gobernar como el rey eterno.

c).- El papel de la realeza en la Biblia.

El Pacto Davídico también destaca el papel de la realeza en la Biblia. A lo largo del Antiguo Testamento, Dios escogió reyes para gobernar sobre Israel, y se suponía que estos reyes guiarían al pueblo en rectitud y justicia.

Sin embargo, muchos de estos reyes no cumplieron con los estándares de Dios, y esto llevó a la caída de Israel. Jesús es el rey perfecto que cumplió los estándares de Dios, y es el máximo ejemplo de lo que debe ser un rey justo y equitativo.

d).- La relación entre Dios y su pueblo.

El Pacto Davídico también destaca la relación entre Dios y su pueblo. La promesa de Dios a David muestra que él es fiel a las promesas de su pacto y demuestra su amor y cuidado por su pueblo.

e).- El significado de la esperanza.

El Pacto Davídico es una fuente de esperanza para los cristianos, nos recuerda que Dios es fiel a sus promesas y nos da confianza de que cumplirá todas sus promesas en Cristo. El pacto también nos da esperanza para el futuro, mientras esperamos el día en que Cristo regrese y establezca su reino en la tierra.

4.8.- Pacto Nuevo (Jesús).

La promesa de Dios a Jesucristo;

"Él les dijo: He aquí, al entrar en la ciudad os saldrá al encuentro un hombre que lleva un cántaro de agua; seguidle hasta la casa donde entrare".

(Lucas 22:10)

"Y decid al padre de familia de esa casa: El maestro le dice: ¿Dónde está el aposento donde he de comer la pascua con mis discípulos?"

(Lucas 22:11)

"Entonces él os mostrará un gran aposento alto ya dispuesto; preparad allí"

(Lucas 22:12)

"Y les dijo: ¡Cuánto he deseado comer con vosotros esta pascua antes que padezca!"

(Lucas 22:15)

"Porque os digo que no beberé más el fruto de la vid, hasta que el reino de Dios venga"

(Lucas 22:18)

"Y tomó el pan y dio gracias, y lo partió y les dio, diciendo; Esto es mi cuerpo, que por vosotros es dado; haced esto en memoria de mí".

(Lucas 22:19)

"De igual manera, después que hubo cenado, tomó la copa, diciendo: Esta copa es el NUEVO PACTO en mi sangre, que por vosotros se derrama".

(Lucas 22:20)

El nuevo pacto es la solución máxima para la rebelión humana. Está en la biblia en:

"Pero este es el pacto que haré con la casa de Israel después de aquellos días, dice Jehová: Daré mi ley en su mente, y la escribiré en su corazón; y yo seré a ellos por Dios, y ellos me serán por pueblo".

(Jeremías 31:33)

El nuevo pacto comienza con la muerte de Cristo. Está en la biblia en;

"De igual manera, después que hubo cenado, tomó la copa, diciendo: Esta copa es el nuevo pacto en mi sangre, que por vosotros se derrama".

(Lucas 22:20)

El nuevo pacto significa que podemos ir directamente a Dios a través de Cristo. Está en la biblia en;

"Por tanto, Jesús es hecho fiador de un mejor pacto".

(Hebreos 7:22)

Hay perdón de los pecados únicamente a través del nuevo pacto. Está en la biblia en;

"¿Cuánto más la sangre de Cristo, el cual mediante el Espíritu eterno se ofreció a sí mismo sin mancha a Dios, limpiará vuestras conciencias de obras muertas para que sirváis al Dios vivo?"

(Hebreos 9:14)

"Así que, por eso es mediador de un nuevo pacto, para que interviniendo muerte para la remisión de las transgresiones que había bajo el primer pacto, los llamados reciban la promesa de la herencia eterna".

(Hebreos 9:15)

En el primer pacto ¿qué prometió hacer el pueblo? Está en la Biblia en;

"Y Moisés vino y contó al pueblo todas las palabras de Jehová, y todas las leyes; y todo el pueblo respondió a una voz, y dijo: Haremos todas las palabras que Jehová ha dicho".

(Éxodo 24:3)

5.- Otras Promesas de Dios.

- La Promesa de Dios a Jacob.

El Patriarca de un pueblo elegido. Jacob, nieto de Abraham, se encuentra en un punto crucial de su vida cuando recibe las promesas divinas. Estas promesas llegan en un momento de incertidumbre y transición, marcando un cambio significativo en su destino y en el de sus descendientes.

a).- Una Descendencia Numerosa.

"Será tu descendencia como el polvo de la tierra, y te extenderás al occidente, al oriente, al norte y al sur; y todas las familias de la tierra serán benditas en ti y en tu simiente".

(Génesis 28:14)

Dios promete a Jacob que su descendencia será incontable, extendiéndose en todas direcciones, una promesa que refuerza la hecha anteriormente a Abraham. Esta promesa simboliza no solo el crecimiento numérico, sino también la influencia y la presencia significativa de su linaje en la historia.

b).- La Tierra Prometida.

"Y he aquí, Jehová estaba en lo alto de ella, el cual dijo: Yo soy Jehová, el Dios de Abraham tu padre, y el Dios de Isaac; la tierra en que estás acostado te la daré a ti y a tu descendencia".

(Génesis 28:13)

La garantía de la tierra de Canaán para Jacob y su descendencia es crucial. Esta promesa no solo asegura un hogar físico, sino que también establece un legado duradero y una identidad territorial para el pueblo de Israel.

c).- Protección y Presencia Divina.

"He aquí, yo estoy contigo, y te guardaré por dondequiera que fueres, y volveré a traerte a esta tierra; porque no te dejaré hasta que haya hecho lo que te he dicho".

(Génesis 28:15)

La promesa de Dios de acompañar y proteger a Jacob es una declaración de cuidado constante y guía divina. Esta promesa asegura a Jacob que, a pesar de los desafíos y las adversidades, no estará solo, que Dios lo iba a guardar dondequiera que anduvieran, a él y su descendencia como se lo había prometido.

d).- Impacto y Cumplimiento de las Promesas.

El impacto de estas promesas se extiende mucho más allá de la vida de Jacob. Se manifiestan en la formación del pueblo de Israel, la conquista de Canaán, y la presencia continua de Dios con su pueblo a través de los siglos. El cumplimiento de estas promesas se observa en la historia bíblica y en el desarrollo de la nación de Israel.

e).- Relevancia Contemporánea y Enseñanzas.

Las promesas a Jacob no son solo relatos del pasado, sino que llevan mensajes y enseñanzas vitales para los creyentes contemporáneos. Nos hablan de la fidelidad de Dios, su capacidad para transformar situaciones y su compromiso inquebrantable con sus promesas.

Las promesas de Dios a Jacob no solo moldearon la identidad de Israel, sino que también ofrecen una perspectiva rica y profunda sobre la relación entre Dios y su pueblo. Estudiar estas promesas nos permite comprender mejor la naturaleza de Dios y su plan redentor para la humanidad.

5.1- La promesa de Dios a Josué.

a).- La Promesa de Sucesión y Liderazgo.

La primera promesa significativa a Josué fue sucesión y liderazgo. Tras la muerte de Moisés, Dios dijo a Josué:

"Mi siervo Moisés ha muerto; ahora, pues, levántate y pasa este Jordán, tú y todo este pueblo, a la tierra que yo les doy a los hijos de Israel".

(Josué 1:2)

b).- La tierra prometida.

La Palestina bíblica es, según se considera corrientemente, la región que está al sur y al sudoeste de las montañas del Líbano, al norte y oriente de Egipto, al este de las llanuras costeras del Mediterráneo y al oeste del desierto de Arabia. La superficie Palestina apenas tiene 240 kilómetros desde Dan a Beerseba y su zona más ancha es de 121 kilómetros. El Señor le prometió a Josué que la extensión original de la tierra prometida a Abraham sería dada a Israel.

"En aquel día hizo Jehová un pacto con Abram, diciendo: A tu descendencia daré esta tierra, desde el río de Egipto hasta el río grande, el río Éufrates".

(Génesis 15:18)

"Desde el desierto y el Líbano hasta el gran río Éufrates, toda la tierra de los heteos hasta el gran mar donde se pone el sol, será vuestro territorio".
(Josué 1:4)

Aunque los israelitas que fueron a la tierra prometida con Josué generalmente fueron fieles y obedientes, como nación Israel pronto volvió a sus viejas costumbres y perdió las bendiciones que le fueron prometidas con relación a la obtención de toda aquella tierra.

No fue sino en la época de David y de Salomón, unos doscientos años más tarde, que Israel controló el territorio dado en el pacto original y, entonces, solamente por un breve período ya que volvió a perder las zonas fronterizas.

"Nadie te podrá hacer frente en todos los días de tu vida; como estuvo con Moisés, estaré contigo; no te dejaré, ni te desampararé".
(Josué 1:5)

"Esfuérzate y sé valiente; porque tú repartirás a este pueblo por heredad la tierra de la cual juré a sus padres que daría a ellos".
(Josué 1:6)

"Solamente esfuérzate y sé muy valiente, para cuidar de hacer conforme a toda la ley que mi siervo Moisés te mandó; no te apartes de ella ni a diestra ni a siniestra, para que seas prosperado en todas las cosas que emprendas".

(Josué 1:7)

Después de afirmar que Josué tenía el poder y autoridad de Moisés, el Señor le encargó que basara todos sus hechos en la ley. No debía apartarse de ella ni a diestra ni a siniestra, y la ley no debía apartarse de sus labios, para que seas prosperado en todas las cosas que emprendas, esto es, todo lo que hablara tenía que ser conforme a la ley.

Debía meditar constantemente sobre los preceptos contenidos en ella. Los hombres de las tribus de Rubén, Gad y Manasés, que heredarían los territorios ya conquistados al oriente del Jordán, recibieron la orden de unirse a las demás tribus para conquistar el resto del territorio. Al aceptar ese encargo y al hacer convenio de matar a todo el que rehusara hacerlo, estas tribus mostraron su deseo de aceptar la orden.

Estos versículos ilustran el valor que los hombres de la antigüedad adjudicaban a un juramento o promesa. Lamentablemente los hombres de aquella época eran más fieles a sus pactos con otros hombres que a los establecidos con Dios.

Una muestra de la fidelidad de estos pactos hechos entre hombres, es este pasaje de la biblia; Con Rahah se acordó una señal como prueba de su intención de proteger a Rahab y su familia de la destrucción, como recompensa por su ayuda. Rahab tenía que poner "un cordón de grana" en la ventana de su casa. Este cordón serviría de recordatorio a los invasores israelitas de que Rahab y todos los de su familia no debían ser destruidos.

"Os ruego pues, ahora, que me juréis por Jehová, que como he hecho misericordia con vosotros, así la haréis vosotros con la casa de mi padre, de lo cual me daréis una señal segura".

(Josué 2:12)

"He aquí, cuando nosotros entremos en la tierra, tú atarás este cordón de grana a la ventana por la cual nos descolgaste; y reunirás en tu casa a tu padre y a tu madre, a tus hermanos y a toda la familia de tu padre"

(Josué 2:18)

Así como Moisés fue engrandecido por el Señor ante los ojos de Israel cuando Dios abrió las aguas del Mar Rojo, Josué fue engrandecido en forma similar al abrirse las aguas del Jordán y de igual manera Dios quiere que nosotros seamos bendecidos.

Epílogo

El meditar en la palabra, nos llena de plenitud, por eso debemos aferrarnos firmemente a las promesas del pacto de Dios, que son necesarias para experimentar sus bendiciones, además de nutrir nuestro crecimiento espiritual, nos ayuda a permanecer firmes frente a las pruebas y desafíos de la vida, y nos permite como creyentes confiar en las promesas y aferrarnos a la esperanza que se encuentra en él.

El único propósito de Dios es salvar a los hombres, para lo cual hizo pacto desde Adán hasta Jesucristo. En el cual un pacto es un convenio, alianza o transacción entre las partes que lo realizan, es decir entre Dios y el hombre.

Un pacto tiene promesas y condiciones, en lo cual, Dios promete al hombre vida eterna con la muerte de Jesucristo en la cruz. En tal sentido el hombre no será salvo por obras, sino por la fe en Cristo, donde Dios hace un pacto de gracia con el hombre para salvarlos del pecado. Hasta que creamos en Jesucristo como el único y verdadero salvador, seremos extraños y ajenos al pacto de la promesa. Solo en Jesucristo seremos reconciliados para tener una comunión íntima con Dios por toda la eternidad.

Si renovamos nuestra manera de pensar y realizamos cambios positivos en nuestro diario convivir, seremos llamados **"tierra deseable"** y **"los que nos vieren, reconocerán que somos linaje bendito de Jehová"**, como lo dice la palabra en:

"Y todas las naciones os dirán bienaventurados; porque seréis tierra deseable, dice Jehová de los ejércitos".

(Malaquías 3:12).

"Y la descendencia de ellos será conocida entre las naciones, y sus renuevos en medio de los pueblos; todos los que los vieren, reconocerán que son linaje bendito de Jehová".

(Isaías 61:9)

❖ **Escudriñando más en las Promesas de Pacto.**

Primeramente les expreso que estoy agradecida con Dios y contigo amigo lector, por haber dispuesto de tu tiempo para crear un espacio donde Dios, tú y yo hemos estrechado un vínculo a través de esta lectura, deseo verdaderamente que el Señor bendiga tu vida y la constancia que has tenido para llegar hasta el final. Al leer estas líneas quiere decir que me acompañaste a lo largo de este maravilloso recorrido, donde abrí mi corazón para darte a conocer mis vivencias concernientes a las promesas de pacto, esperando que te puedan servirte de referencia en algún momento. En los dos testimonios narré las inusuales maneras y duras circunstancias en las que aprendí muchas lecciones de vida, pero la más importante fue la enseñanza que recibí referente a las Promesas de pacto, la cual, me favorecieron para ser mejor persona.

Seguramente, al ahondar en mis libros, descubriste herramientas que desconocías o te identificaste con alguna situación, pero ahora quiero decirte que el factor más importante para lograr nuestros objetivos, es buscar de Dios y servirle, porque él nos dará las instrucciones necesarias para el cumplimiento de su propósito en nosotros. En estas últimas líneas pretendo manifestarte que podemos descubrir lo auténtico y maravilloso que es Dios, que nos hizo únicos y diferentes. Que nos entregó dones y talentos que podemos desarrollar y utilizar de manera positiva para que nos sean de beneficios y a la vez servirle.

También les expreso que nadie tiene que envidiar al prójimo, porque Dios nos dotó de maravillosos regalos que ha depositado en cada uno, y cada quien tiene lo suyo. Por lo tanto, debemos valorarnos para poder crecer en lo que hacemos y arriesgarnos a descubrir lo que Dios ha puesto dentro de nosotros que muchas veces, no sabemos, ni reconocemos las bendiciones de las que estamos dotados, pero a través de la comunión íntima con Dios, él nos muestra nuestros dotes para ponerlos a la disposición de él. Les cuento que estoy apasionada por la lectura y empecé a mostrar mi talento públicamente después que Dios quitó el velo de mis ojos para que entendiera la valiosa herramienta que tenía en mis manos, permitiendo de esta manera poder llevar su palabra y servir de inspiración a lectores de todo el mundo.

Por último, me atrevo a decirte que afines tu corazón con el de Dios, que le prometas y pactes con él, que le cumplas, que él siempre cumple lo que promete, que sueñes, explores, planees, que descubras tus cualidades y acciones para que puedas alcanzar mundos, que sigas avanzando y te atrevas a impactar los corazones de las personas, para conquistar reinos y alcanzar las **Promesas** que Dios nos presenta en la Biblia, y que en este libro, están minuciosamente seleccionadas.

También les hago la alusión referente al dibujo compartido al inicio de este escrito, considerando que esa imagen es la mejor representación e insignia para demostrar las **Promesas del Pacto**, además es un símbolo rico en significado y representa la paz y la unión entre lo divino y lo humano. La paloma con una rama de olivo en el pico tiene un componente religioso cristiano muy claro, y da origen en el relato bíblico del Diluvio Universal, que está en Génesis 8, que a continuación les despliego:

"Envió también de sí una paloma, para ver si las aguas se habían retirado de sobre la faz de la tierra"

(Génesis 8:8)

"Y no halló la paloma donde sentar la planta de su pie, y volvió a él al arca, porque las aguas estaban aún sobre la faz de la tierra. Entonces él extendió su mano, y tomándola, la hizo entrar consigo en el arca"

(Génesis 8:9)

"Esperó aún otros siete días, y volvió a enviar la paloma fuera del arca".

(Génesis 8:10)

"Y la paloma volvió a él a la hora de la tarde; y he aquí que traía una hoja de olivo en el pico; y entendió Noé que las aguas se habían retirado de sobre la tierra".

(Génesis 8:11)

La palabra dice que al principio de los tiempos, la maldad del hombre provocó la ira de Dios, quien decidió exterminar casi toda la vida sobre la faz de la tierra, con excepción de Noé y su familia que le mostraban fidelidad. Él advirtió a Noé que construyera un arca para preservar la destrucción de su familia y algunos animales. Entonces hizo llover tan intensamente sobre la tierra, que cubrió las montañas y exterminó todo ser viviente que no estaban en el arca, al cabo de muchos días, cuando habían cesado las lluvias, y las aguas se habían retirado sobre de la tierra, envió Noé una paloma que regresó con una hoja de olivo, como señal que las aguas se habían despejado.

Entonces Dios nos promete nunca más destruir la tierra con diluvio, y como señal nos deja el arcoíris en el cielo, para recordarnos esa promesa cada vez que llueva, también nos promete un mundo nuevo, una nueva oportunidad para vivir en paz con Él y la naturaleza.

Ahora nos preguntamos: ¿Por qué la paloma regresa al arca con una hoja de olivo? ¿Pudo haber regresado con una hoja de otra planta? Aquí te damos la respuesta, porque; el olivo es un árbol resistente, de especie rustica que simboliza la resistencia y renovación, nos da aceite valioso, y es capaz de soportar condiciones adversas, ya que fue el árbol que aguantó los embates del diluvio universal, además representa la prosperidad por su abundancia de frutos.

Por tal razón, Dios Padre nos compara con el olivo, nos llama árbol de justicia plantado con autoridad, de fuerte resistencia, porque él nos dota de esa fortaleza para soportar las adversidades que se nos presentan en la vida, en tal sentido, nos declara palabra profética en:

"Olivo verde, hermoso en su fruto y en su parecer, llamó Jehová tu nombre…"

(Jeremías 11:16)

"Se extenderán sus ramas, y será su gloria como la del olivo, y perfumará como el Líbano"

(Oseas 14:6)

"Tu mujer será como vid que lleva fruto a los lados de tu casa; tus hijos como planta de olivo alrededor de tu mesa"

(Salmo 128:3)

¡Guaooo! Atractiva comparación nos da nuestro Padre Celestial, él nos llama olivo frondoso y hermoso, nos dio un nuevo nombre, nos reviste de fortaleza, **nos promete** que seremos como el olivo que es fruto deseable y que extenderemos nuestras ramas para hacer su deleite. Dios siembra en tierra buena, por tal razón, quiere bendecir nuestras vidas para que cosechemos frutos buenos, hermosos, agradables y ser árboles plantados en Cristo Jesús para recibir las **Promesas de Pacto** que nos menciona en la biblia.

No puedo terminar este libro sin hacer una pequeña oración porque creo que a través de esta lectura haya aumentado tu fe.

Oremos

Oro en el nombre del Padre, del Hijo y del Espíritu Santo, declarando que somos tus hijos, enseñados para toda buena obra, declaramos que somos árboles de justicia, plantados para dar buenos, agradables y perfectos frutos.

Padre gracias porque comprendemos tus **Promesas de Pacto,** porque tú todo lo que siembras en nuestros corazones y nuestras almas, tiene una razón de ser y un propósito. Padre yo clamo por la persona que está leyendo este escrito, que nada ni nadie pueda contaminar su tierra, gracias porque **tú nos prometes** que seremos tierra deseable y nadie podrá destruir la obra que empezaste en nosotros.

Padre gracias porque nos llamas árbol robusto y hermoso, que a su tiempo daremos frutos en abundancia, que así como el olivo, fuerte y frondoso, seremos resistentes para soportar las adversidades de la vida, y que nos arraigues con fuertes, profundas y poderosas raíces para glorificar tu nombre.

Oramos en el nombre del Padre, del Hijo y del Espíritu Santo. Amén, amén y amén.

"Aún nos falta mucho por hacer"

Bibliografía

- https://www.churchofjesuschrist.org/study/manual/old-testament-student-manual-genesis-2-samuel/joshua-1-24?lang=spa
- https://www.compellingtruth.org/Espanol/pactos-en-la-Biblia.html
- Reina Valera 1.960 Santa Biblia. Todos los versículos utilizados en esta obra fueron tomados de la Santa Biblia Reina Valera 1.960.

I want morebooks!

Buy your books fast and straightforward online - at one of world's fastest growing online book stores! Environmentally sound due to Print-on-Demand technologies.

Buy your books online at
www.morebooks.shop

¡Compre sus libros rápido y directo en internet, en una de las librerías en línea con mayor crecimiento en el mundo! Producción que protege el medio ambiente a través de las tecnologías de impresión bajo demanda.

Compre sus libros online en
www.morebooks.shop

Printed by Books on Demand GmbH, Norderstedt / Germany